Nunca se esqueça

Este livro é dedicado
ao Barney, nosso maravilhoso
cão, cujos amor e alegria
inspiraram a toupeira.

x

Nunca se esqueça

O MENINO, A TOUPEIRA, A RAPOSA,
O CAVALO E A TEMPESTADE

Charlie Mackesy

— Como pode alguém tão pequeno preencher um espaço tão imenso em nosso coração?

SEXTANTE

Olá

Quando eu era pequeno, achava que os livros eram como macarrão cru guardado numa prateleira, esperando silenciosamente que alguém os abrisse e lhes desse vida.

E aqui está você, fazendo exatamente isso. Obrigado. Que bom que está aqui.

Escrevo isto num quarto bagunçado, cercado de tinta derramada, xícaras de chá pela metade, desenhos amassados, canetas com a ponta quebrada e uma boa dose de medo e insegurança, medo de nunca conseguir fazer este livro existir. Mas se você está lendo isto, então, de algum modo, eu consegui.

Isso vai sempre me lembrar que muitas coisas podem nascer da bagunça, então, por mais caótica que a vida esteja, tente ser gentil consigo mesmo e não desista. Sua voz importa. E, como diz a toupeira,

"você tem dentro de si uma canção que ninguém mais pode cantar". Sempre adorei compartilhar desenhos, mas nunca pensei que faria um livro com eles. Agora fiz outro, o que é assustador, e tento apenas imaginar que alguém pode se sentir mais leve por causa dele.
　　　　Talvez seja você.

Esta é uma história sobre alguns amigos improváveis que não fazem ideia de para onde estão indo nem do que estão procurando, que é como eu me sinto com frequência. O que eles sabem é que a vida pode ser difícil, mas que eles se amam.

O cavalo é uma presença constante e uma base firme. Eles amam a raposa silenciosa, embora ela não entenda por quê.

A toupeira está sempre pensando em comer bolo. A única coisa que ela ama mais do que bolo é seu grupo de amigos.

O menino muitas vezes se sente ansioso e ama profundamente seus amigos. Ele morre de medo de perdê-los.

Parece que há muito a conquistar nesta vida, mas acho que só o fato de estar aqui e cantar sua canção já é uma vitória.

É bem provável que você tenha sobrevivido a todo tipo de tempestade para chegar aqui, e pode até estar no meio de uma neste exato momento, então o fato de estar lendo essa introdução rabiscada já é algo impressionante.

Este livro é para todos, não importa a idade, e espero que ele ajude a lembrar que você é amado, que você importa.

Você é corajoso e magnífico.

Com carinho, Charlie
x

— Um dia você vai olhar para trás, perceber como tudo foi difícil e ver como se saiu bem.

– A gente sabe para onde está indo? –
– perguntou o menino.

– Na verdade, não – respondeu a toupeira.

– Então estamos perdidos?
– Não – disse a raposa –, porque temos uns aos outros.

— Eu acho que nem o rio sabe para onde está indo...

...até alcançar o mar.

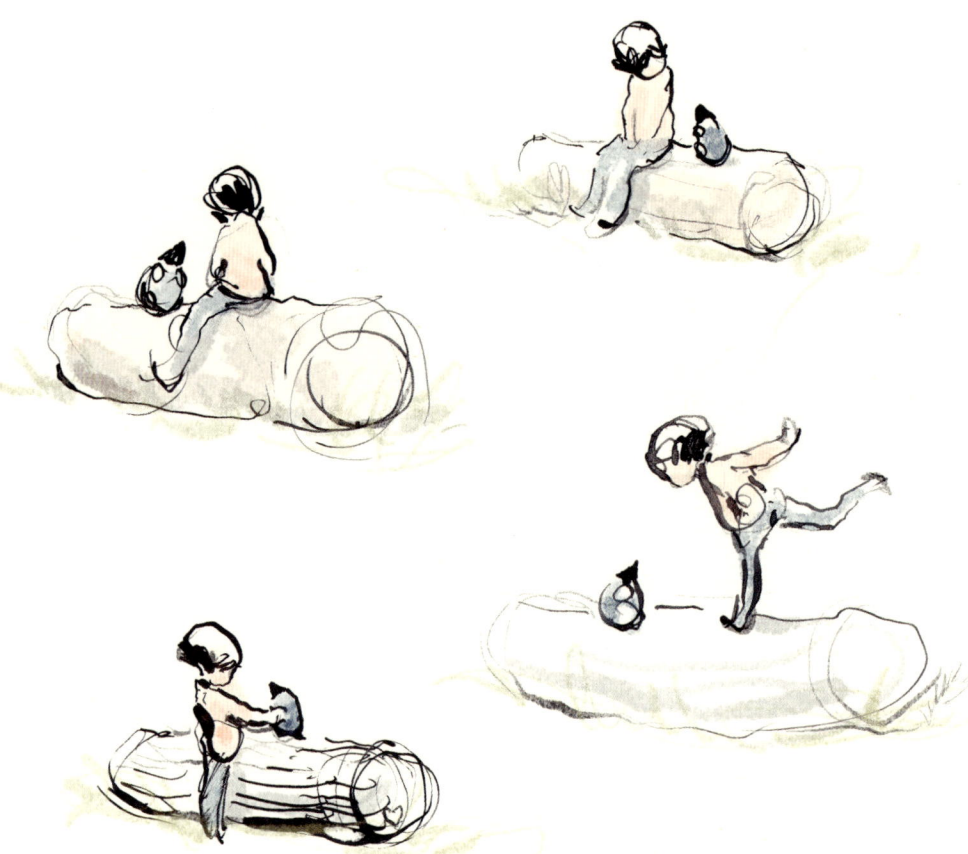

– Tenho medo de não ser muito bom em nada – disse o menino.

– Você é bondoso – disse a toupeira –, e isso é tudo.

— Seja paciente com você mesmo.

Gritar com uma flor não vai fazê-la desabrochar.

— Arranjei um bolo superespecial para você — disse a toupeira.

— Que maravilha — disse o menino.

— Sim, mas eu sofri uma emboscada.

— Emboscada? Quem fez isso?

— O bolo — disse a toupeira.

— Essa não. Como você se defendeu?

— Eu o comi.

— Quando você pensa em todo mundo que ama... — disse a raposa

— espero que inclua você mesmo.

— Uma das coisas mais bondosas que você pode fazer

é ser gentil com você mesmo.

– Qual é o verdadeiro sinal de força?

– A gentileza – disse o cavalo.

– Você terá críticos –
disse o cavalo. –

Tente não ser um deles.

— A verdade é que — disse a toupeira — todo mundo tem dificuldades.

— Não consigo ver uma saída — disse o menino.
— Consegue ver o próximo passo?
— Consigo.

— Então dê apenas este passo.

– E se eu estiver com medo do próximo passo? – perguntou o menino.

— Respire —
disse o cavalo. —
Este pode ser
seu próximo passo.

De vez em quando, do nada, seu coração dá voltas e parece que você está caindo sem ter onde se segurar. Mas você não é a tempestade, e ela vai passar.

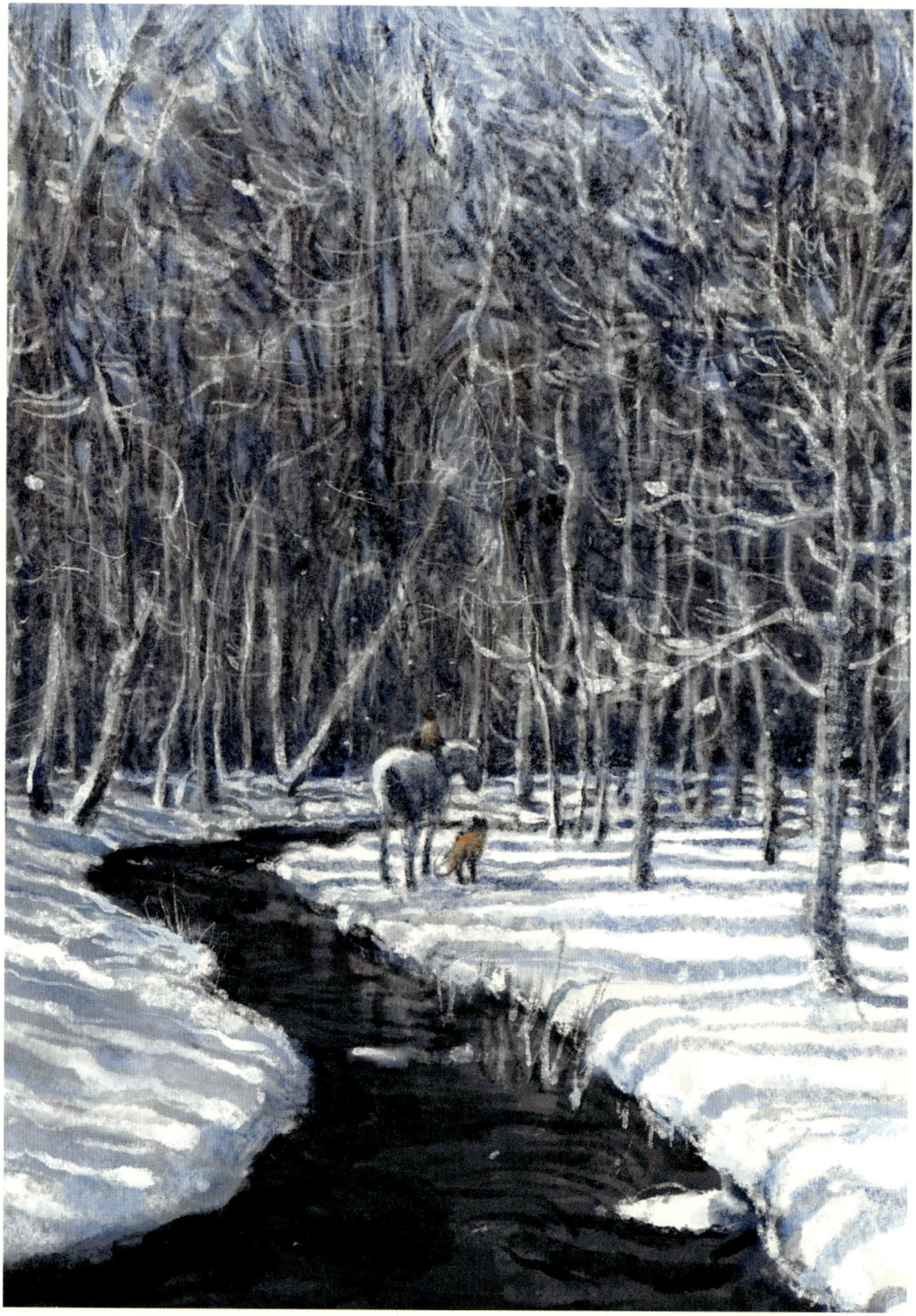

— Você passou por dias sombrios, mas não desistiu.

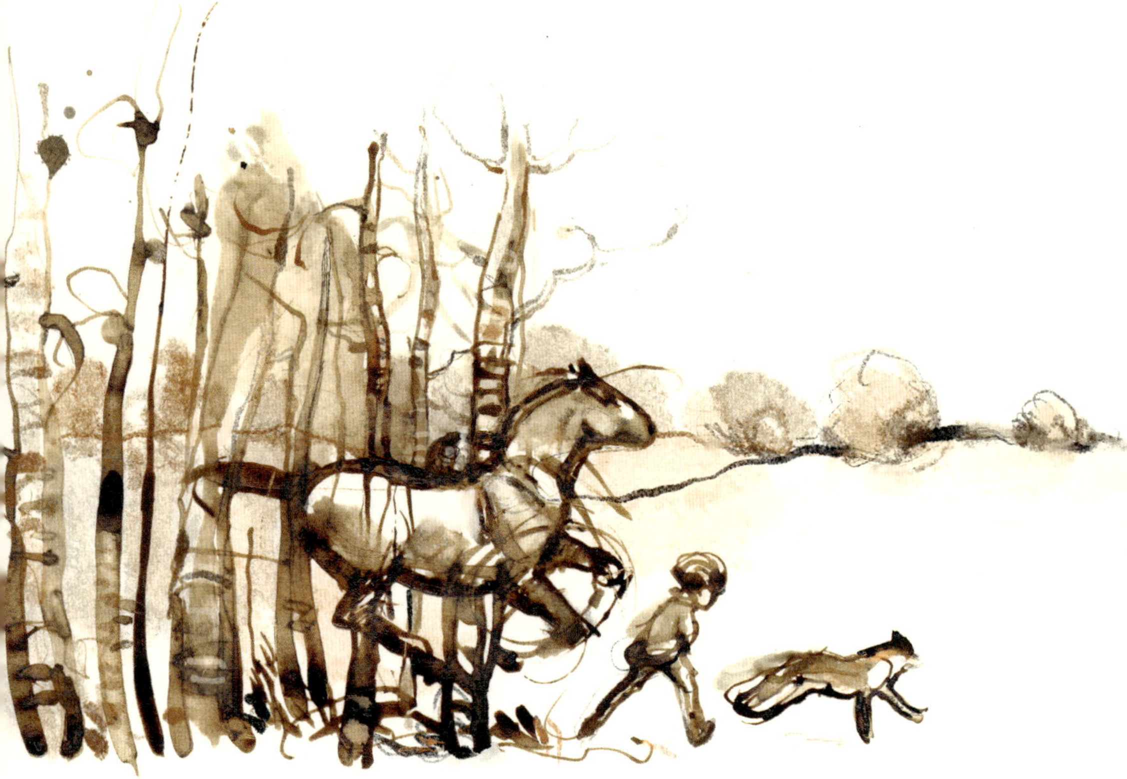

– Muito bem – disse o cavalo.
– Por quê? – perguntou o menino.

– Por ter esperança, por dar um passo, por tentar de novo.

– Este é sem dúvida o meu lugar favorito – disse a toupeira.
– Porque é bonito? – perguntou o menino.

– Porque estamos todos aqui.

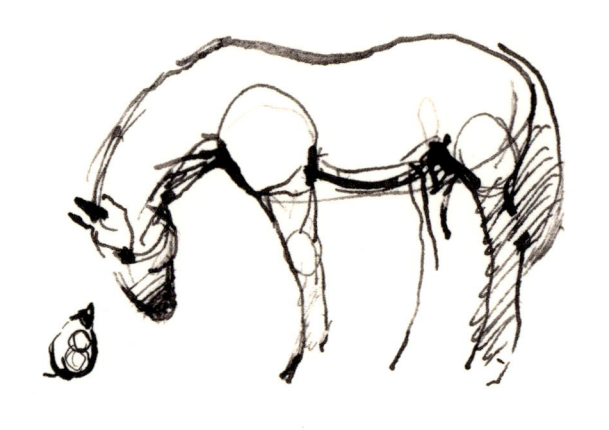

– Você já viu alguma coisa
tão maravilhosa?

– Bem... – disse a toupeira –
uma vez eu me perdi numa loja de bolo.

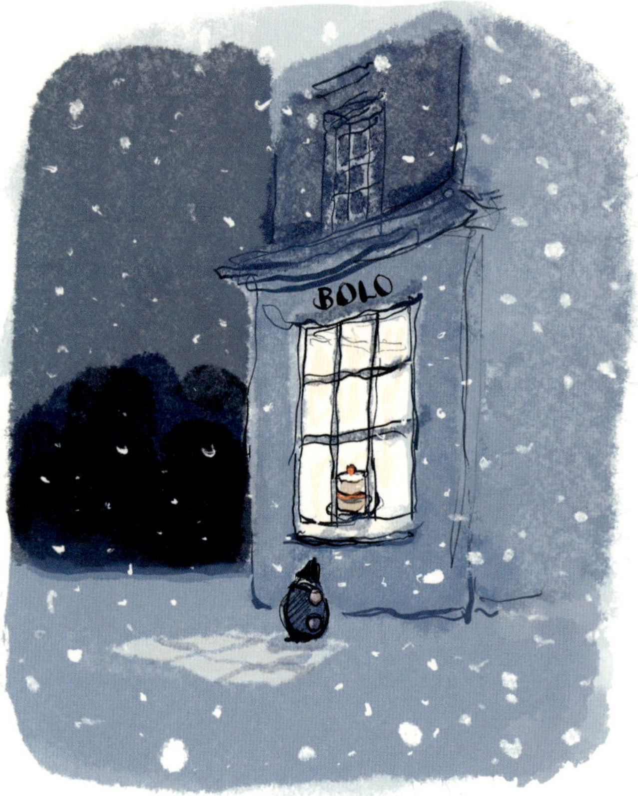
BOLO

– Espetacular.

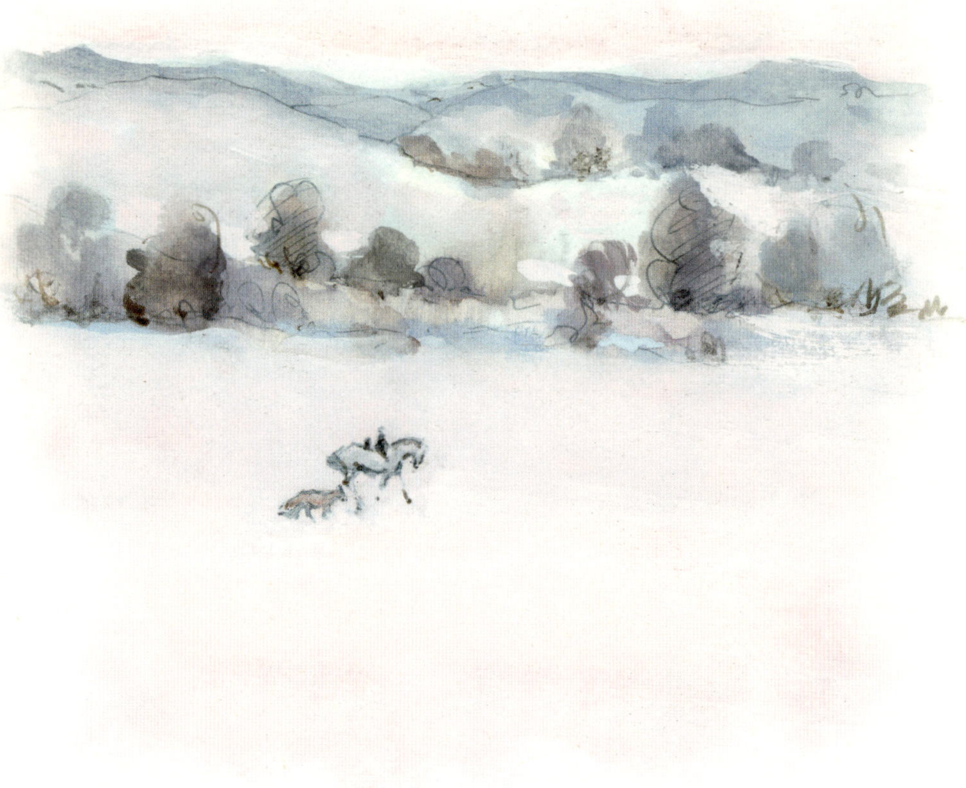

– Eu me pergunto se a neve tem sabores diferentes.

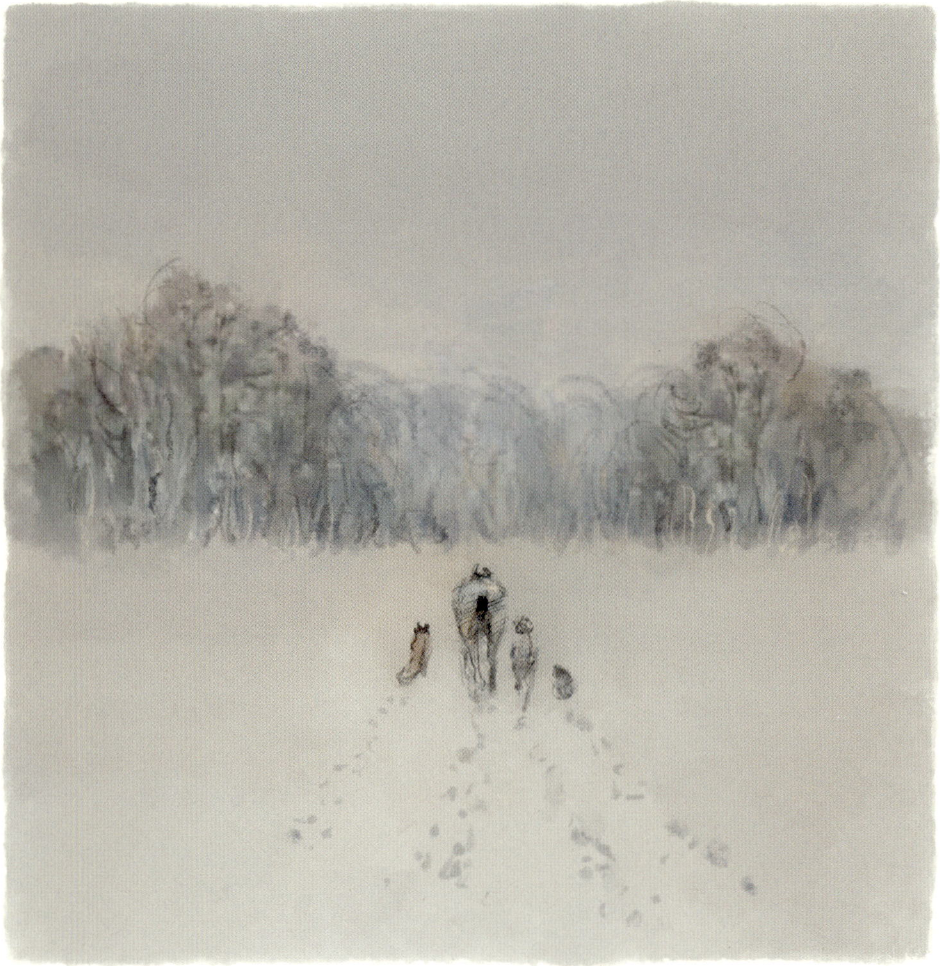

— Carpe diem —
disse a toupeira.

— O que isso quer dizer?
— Não deixe para amanhã o bolo que você pode comer hoje.

— Tenho tantas perguntas — disse o menino.

— Bolo costuma ser a resposta — disse a toupeira.

— Às vezes eu me preocupo por não ter todas as respostas — disse o cavalo.

— Você está comigo — disse o menino —, essa é a resposta.

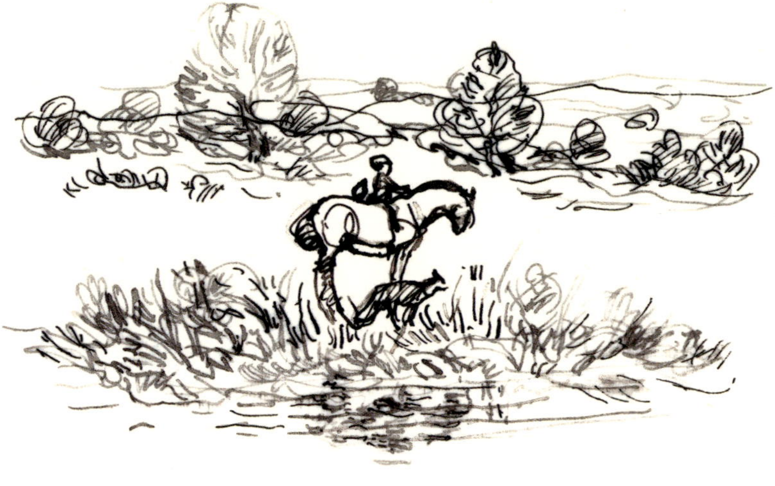

— Muitas vezes a melhor resposta é simplesmente ouvir.

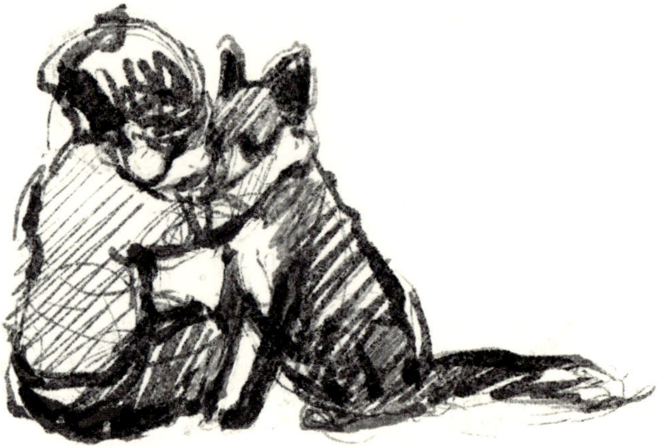

— E às vezes o menor dos gestos de bondade

pode salvar uma vida.

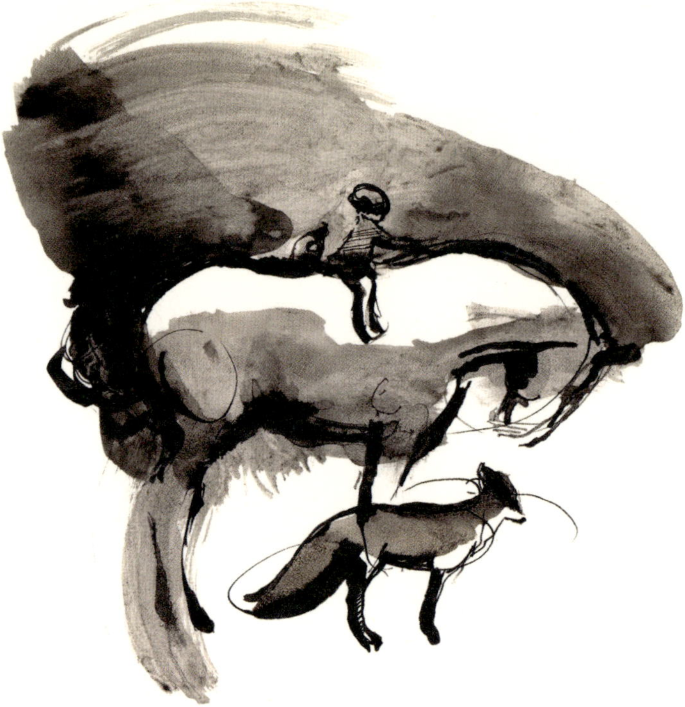

— Aquelas nuvens são escuras — disse o menino.

— São — disse o cavalo —, mas elas vão passar...
O céu azul lá no alto nunca vai embora.

— O que eu faço se a tempestade estiver dentro de mim? — perguntou o menino.

— Abrigue-se conosco.

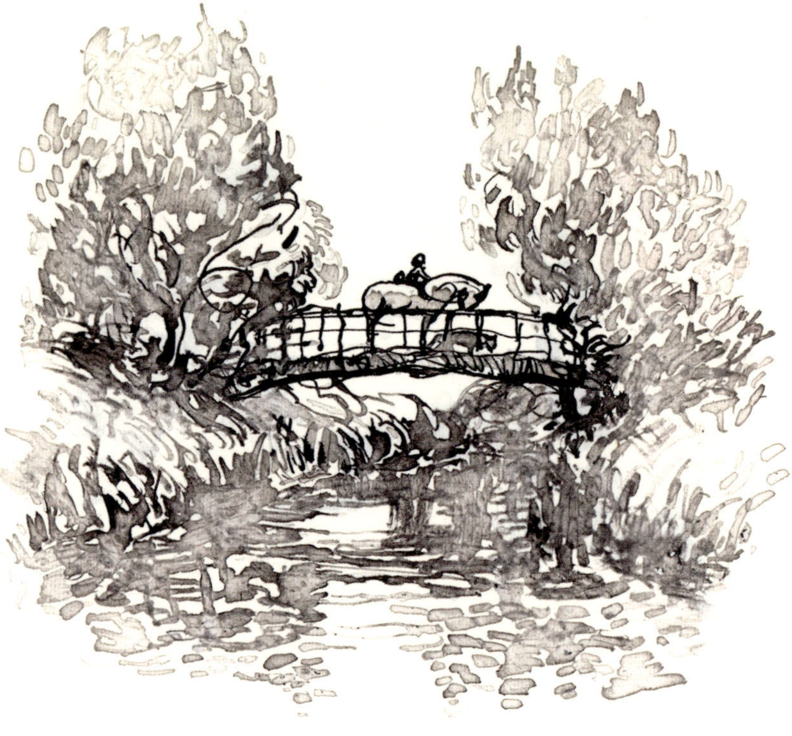

– O que acontece se eu perder vocês? – perguntou o menino.

– Somos eternos – disse o cavalo –, mesmo se eu não estiver aqui.

— Às vezes a coisa mais corajosa que você pode fazer é dizer como se sente — disse o cavalo.

— Eu não me sinto muito corajoso — disse o menino.

— Foi muito corajoso dizer isso.

— Quando a tempestade vier,
lembre-se de quem você é —
disse o cavalo.

— Quem sou eu?

— Você é amado.

— Está ficando mais difícil — disse o menino.

— Então cada passo que você dá é uma vitória maior.

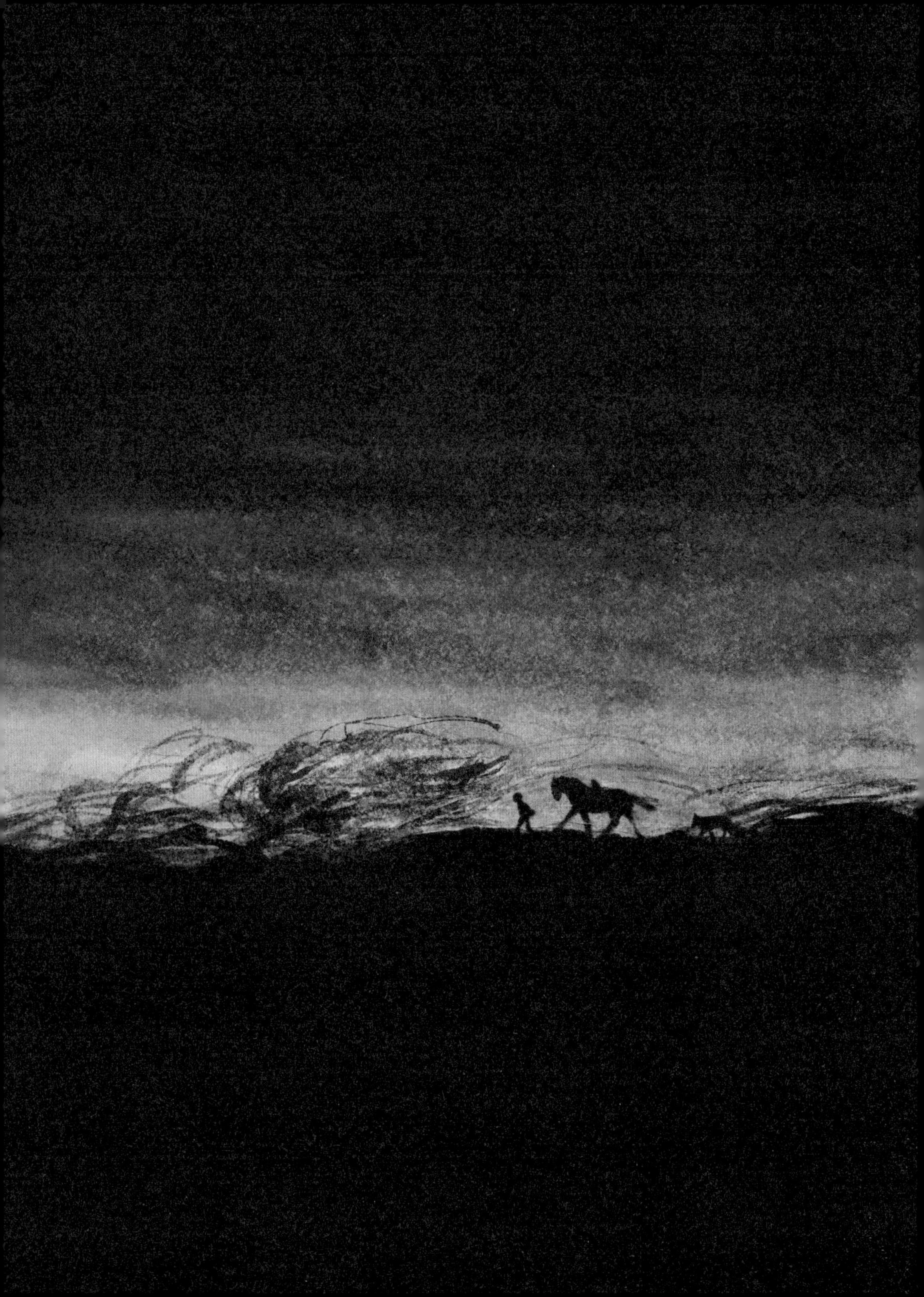

— O vento é forte.

— Nosso amor é mais.

— A tempestade está me deixando cansado — disse o menino.

— Eu sei... — disse o cavalo — ...mas as tempestades também se cansam.

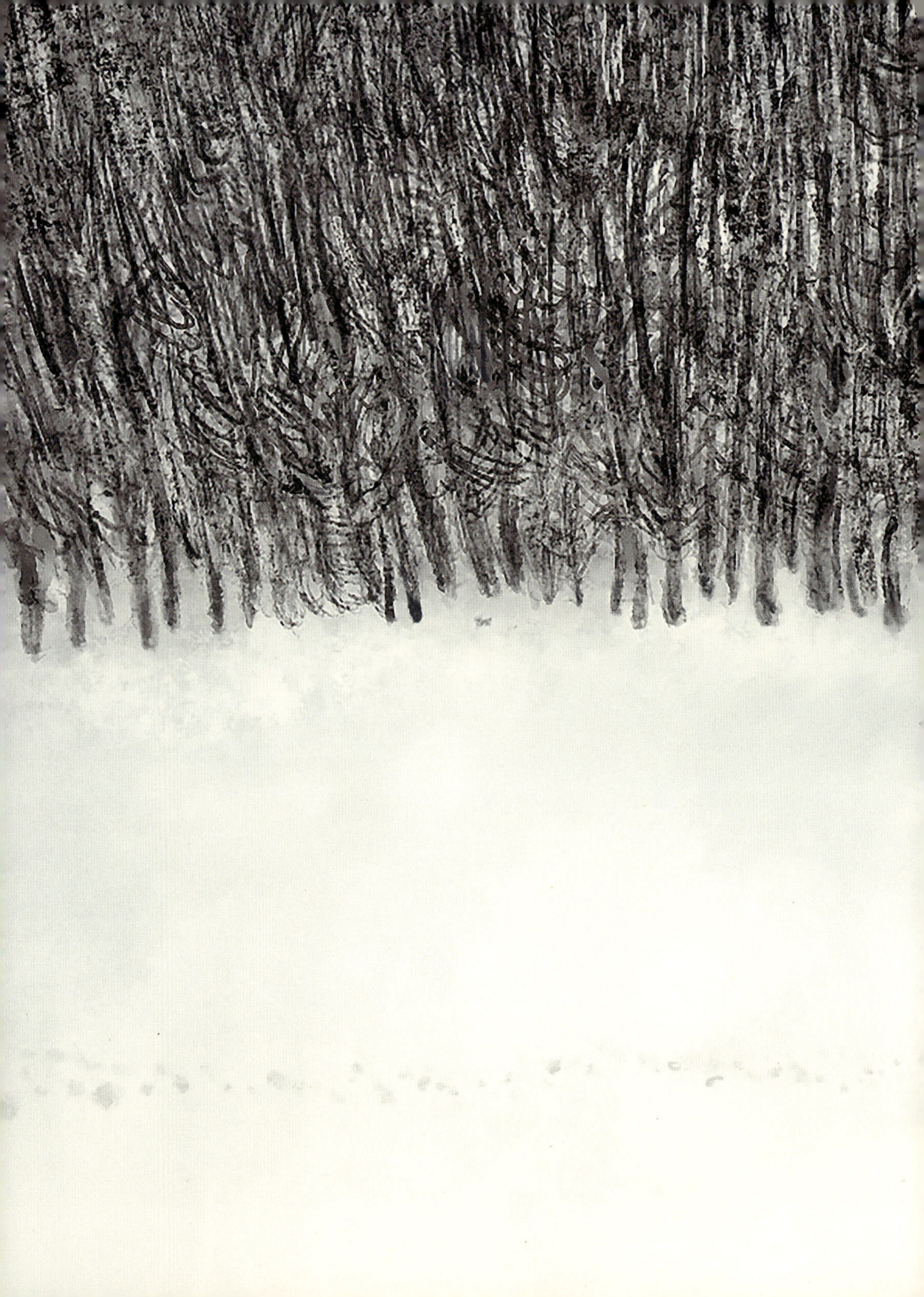

– Foi culpa minha?

— O que você está fazendo aqui?

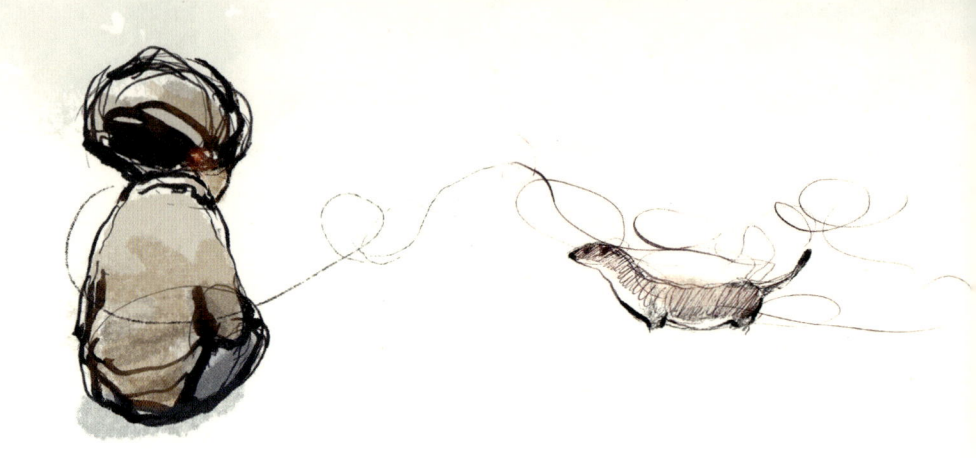

— Perdi meus amigos —
disse o menino.

— Nossa, que descuidado...

Ou será que eles é que perderam você?

Eles teriam deixado você se o amassem?

— Sei que minha mente pode pregar peças e me dizer que eu não sou bom, que não há esperança.

Mas preciso me lembrar de quem eu sou, de que sou amado, de que eu importo e trago para este mundo coisas que ninguém mais traz.

Então vou em frente.

— Acho que está na hora de ser amigo de mim mesmo...

... e de começar a me amar.

— Quem está aí?

— Sou eu — disse a raposa.

— Ah, é você! É você...

– Eu me senti tão pequeno
– disse o menino.

– Sim – disse a toupeira
–, mas você faz uma
enorme diferença.

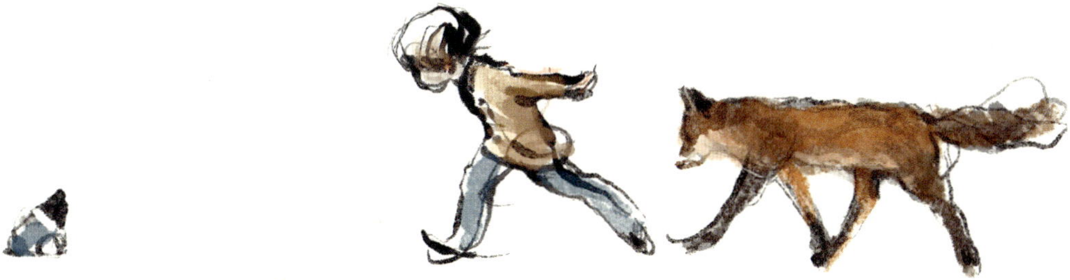

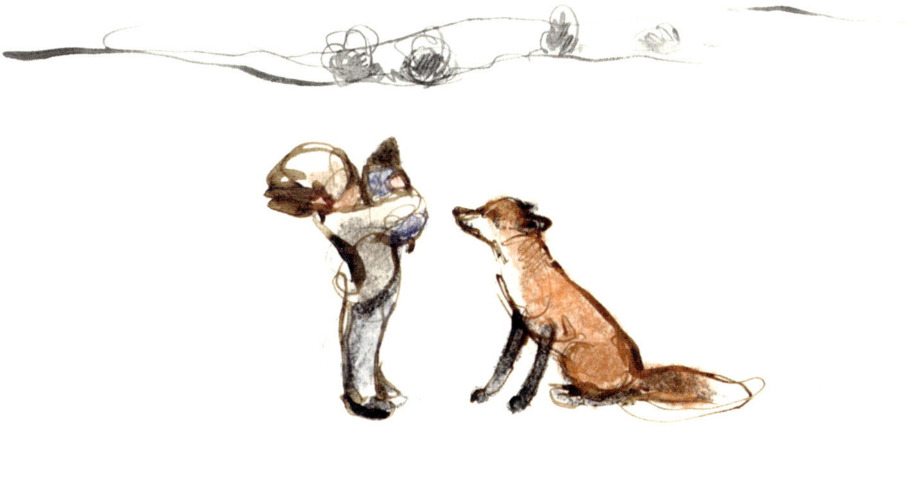

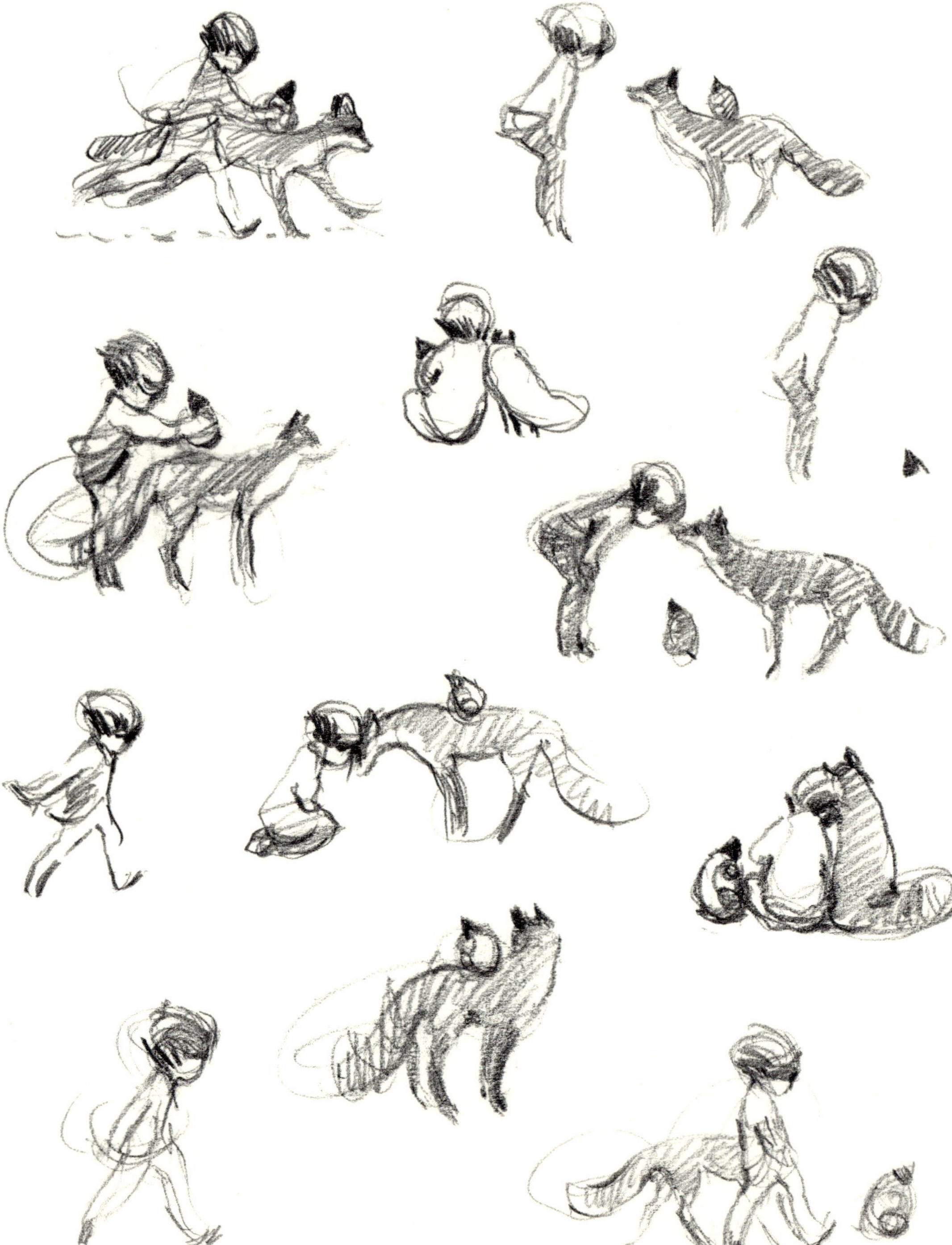

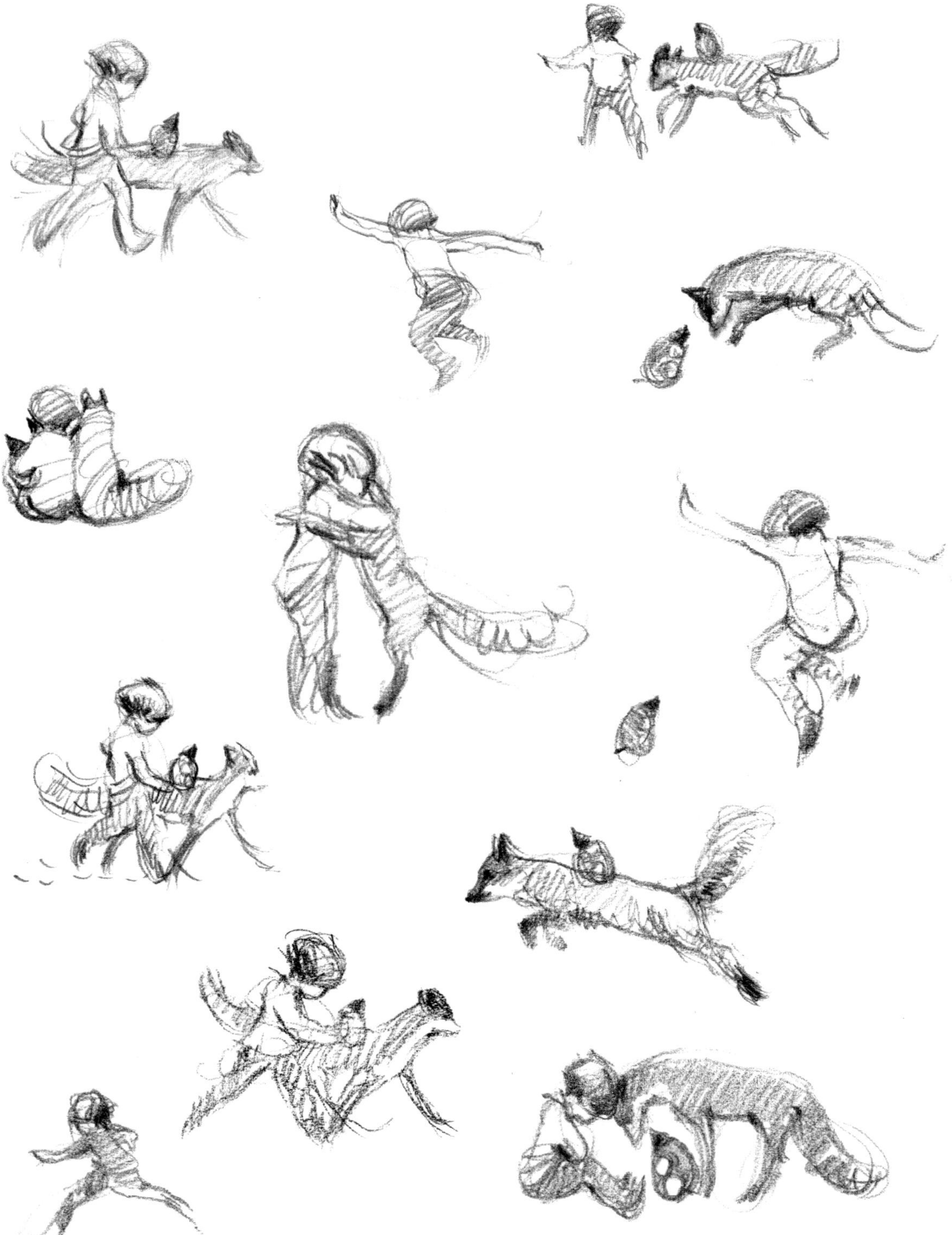

— De onde vem a sua força? — perguntou a toupeira.

— De lembrar que sou amado — disse o menino.

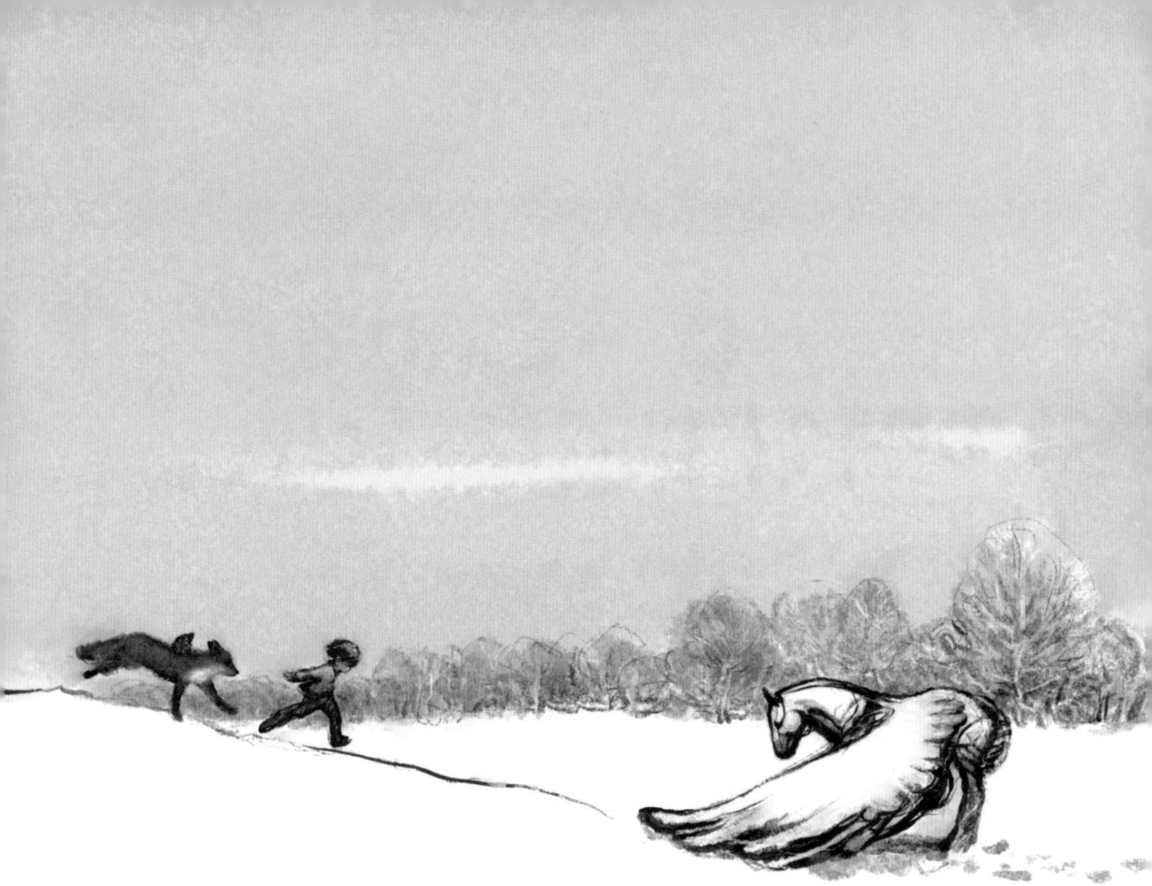

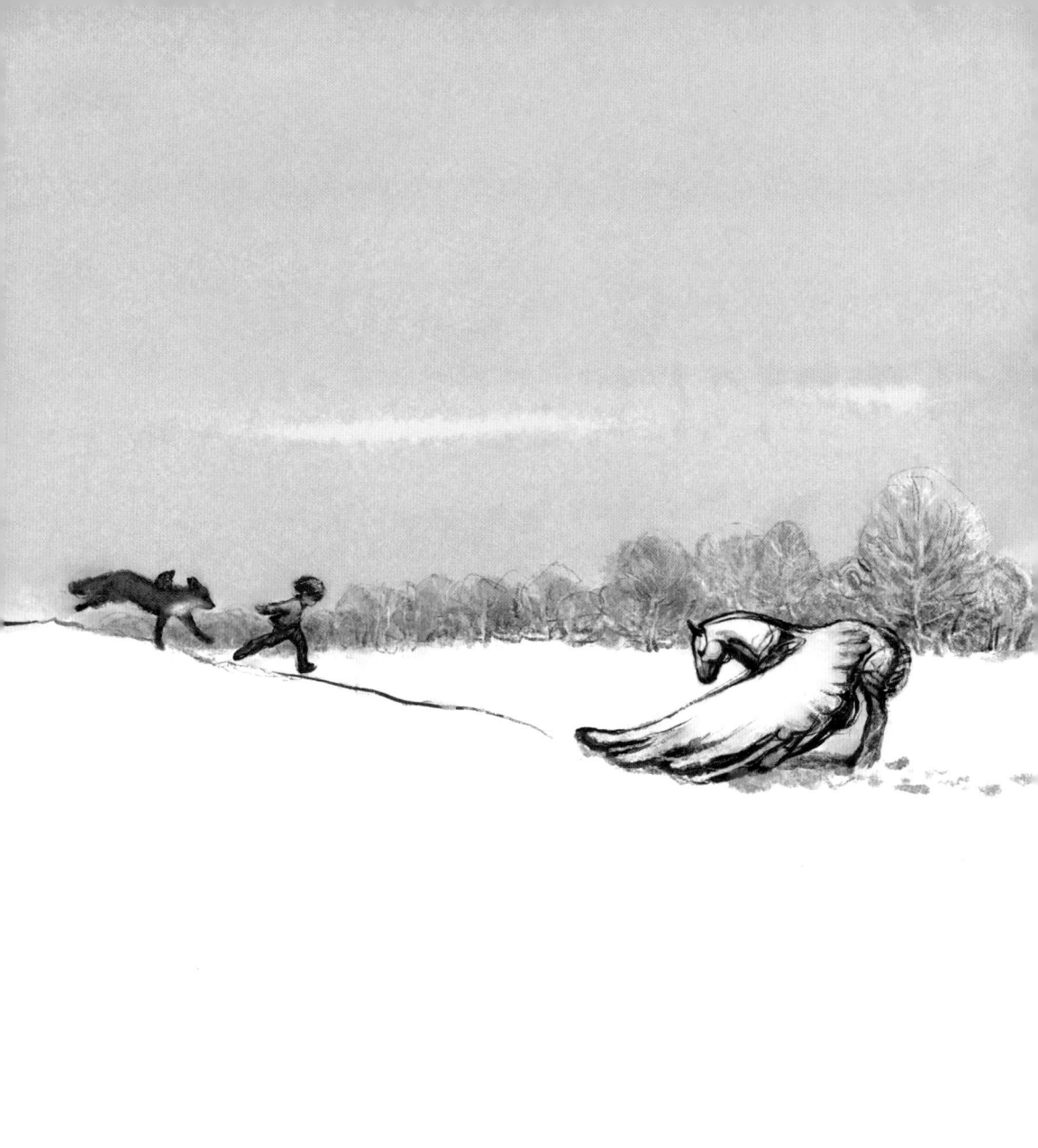

— Achei que tinha perdido você — disse o cavalo.

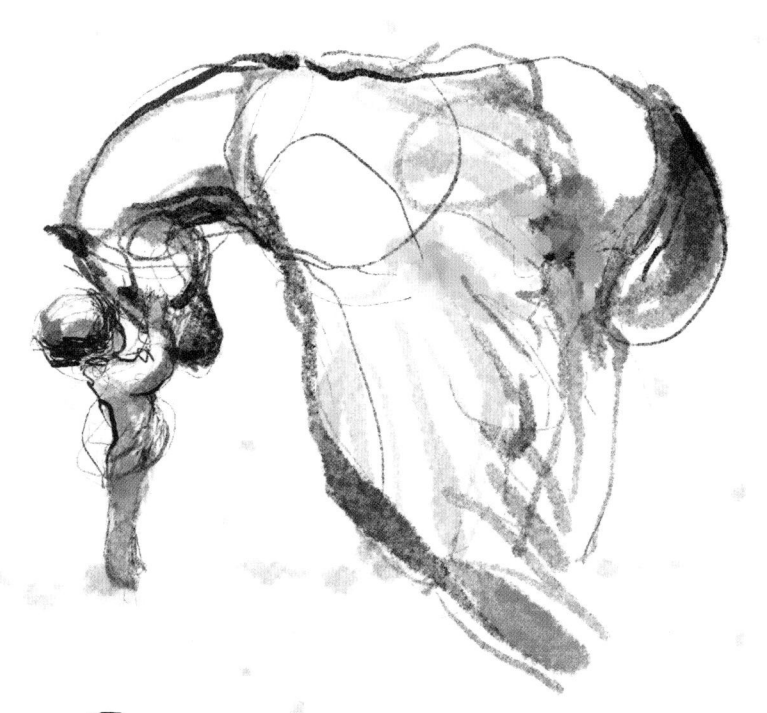

— Foi o amor que me trouxe de volta.

— Quando somos vulneráveis uns com os outros — sussurrou o menino

– somos mais fortes.

— Nós vamos superar isso.

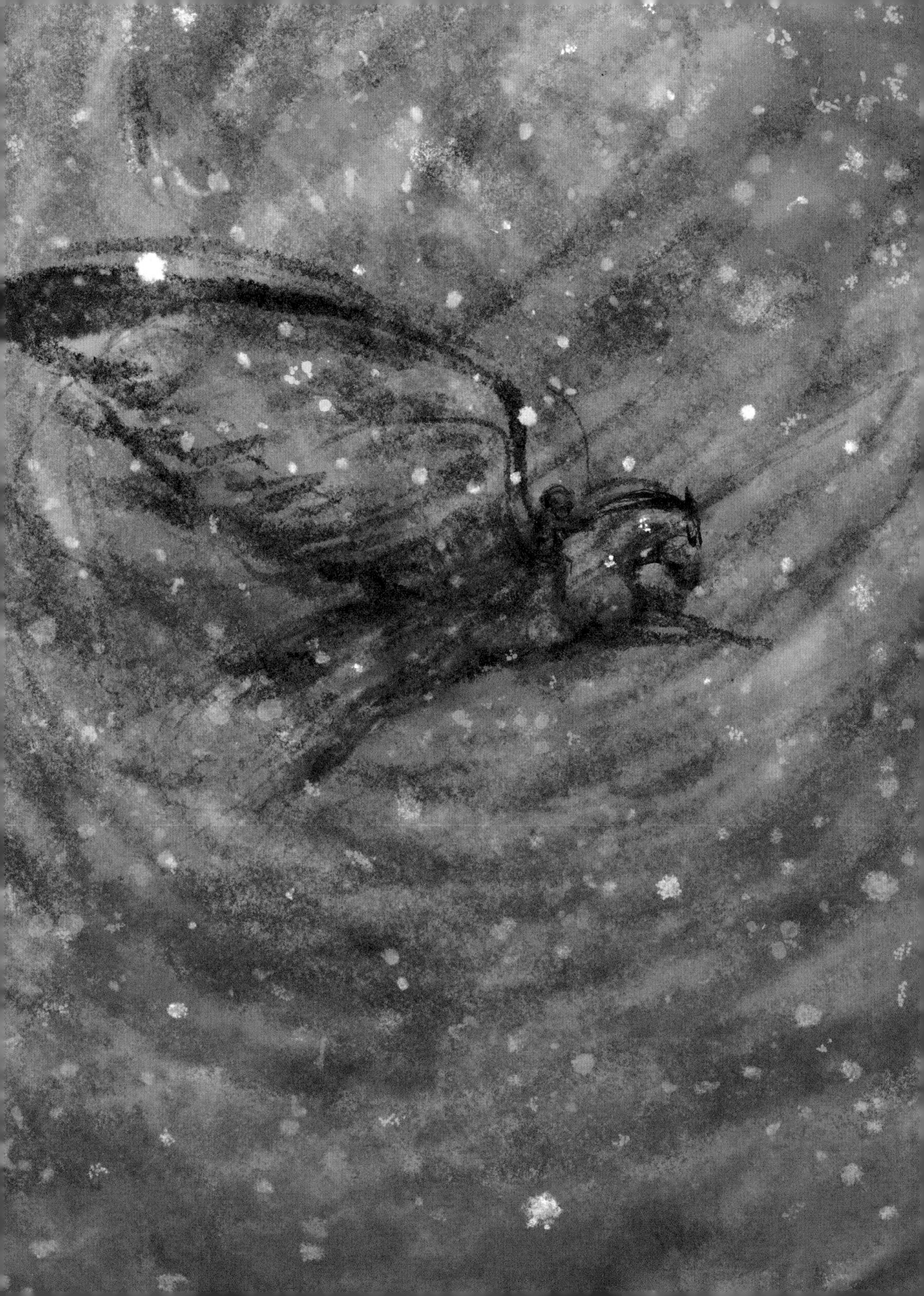

– O céu azul lá no alto nunca vai embora.

— Descansar pode levar você bem longe.

— A esperança é uma canção silenciosa

que seu coração consegue cantar apesar de tudo.

— Qual é a melhor coisa que você aprendeu sobre as tempestades? — perguntou o menino.

— Que elas terminam.

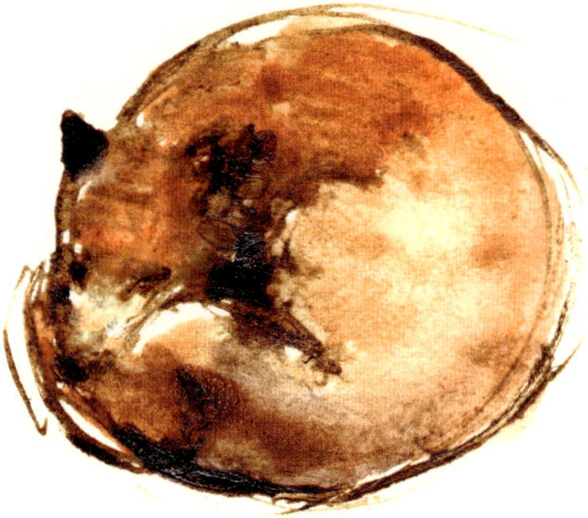

— Qual foi o presente mais precioso que você já recebeu?

— Tempo — disse o cavalo.

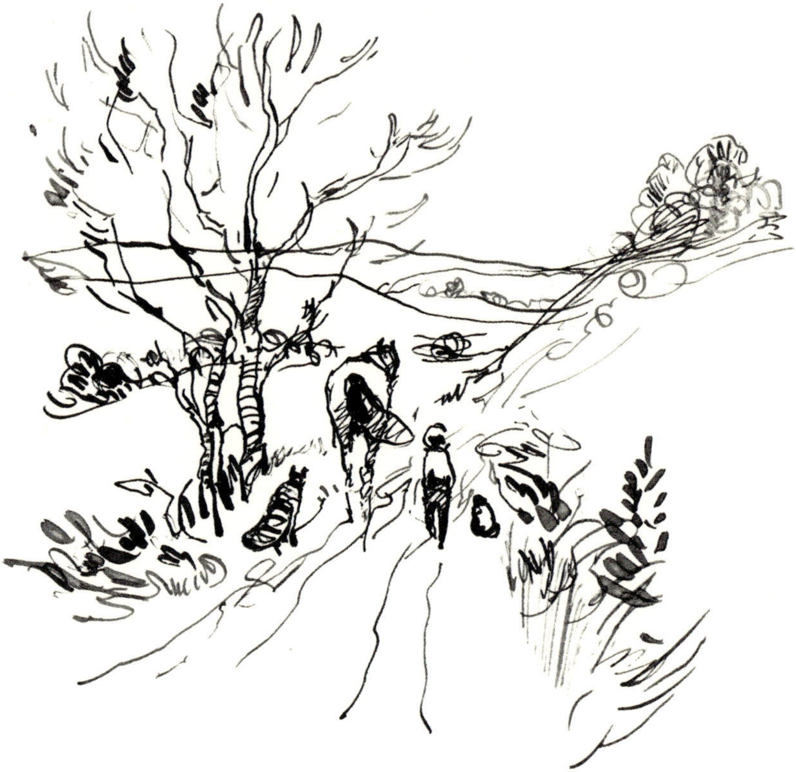

– Arranjei um bolo ainda maior para você – disse a toupeira.

– É mesmo? Que gentileza.

– É, mas era muito difícil de carregar.

– Essa não. Pobrezinho, o que você fez?

– Eu comi.

— Às vezes sinto que não
conquistei muita coisa —
disse o menino.

— Você está aqui e chegou longe,
e isso é uma coisa fantástica.

— Uma geleira esculpiu esse vale —
disse o cavalo.

— Deve ter doído muito —
disse o menino.

— É, mas veja quanta beleza
foi criada.

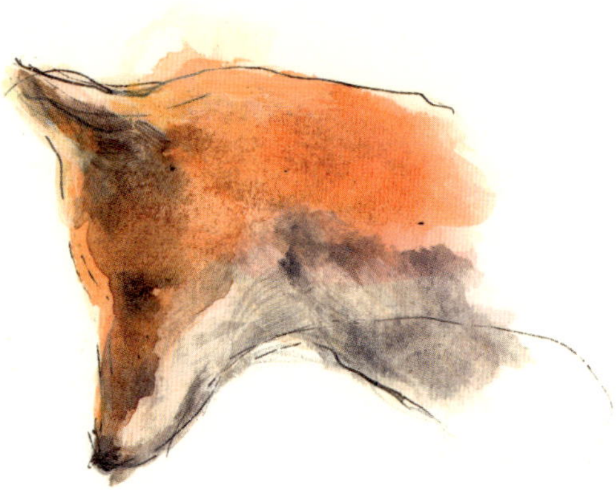

— Espero que você saiba como foi corajoso.

É preciso coragem

para amar.

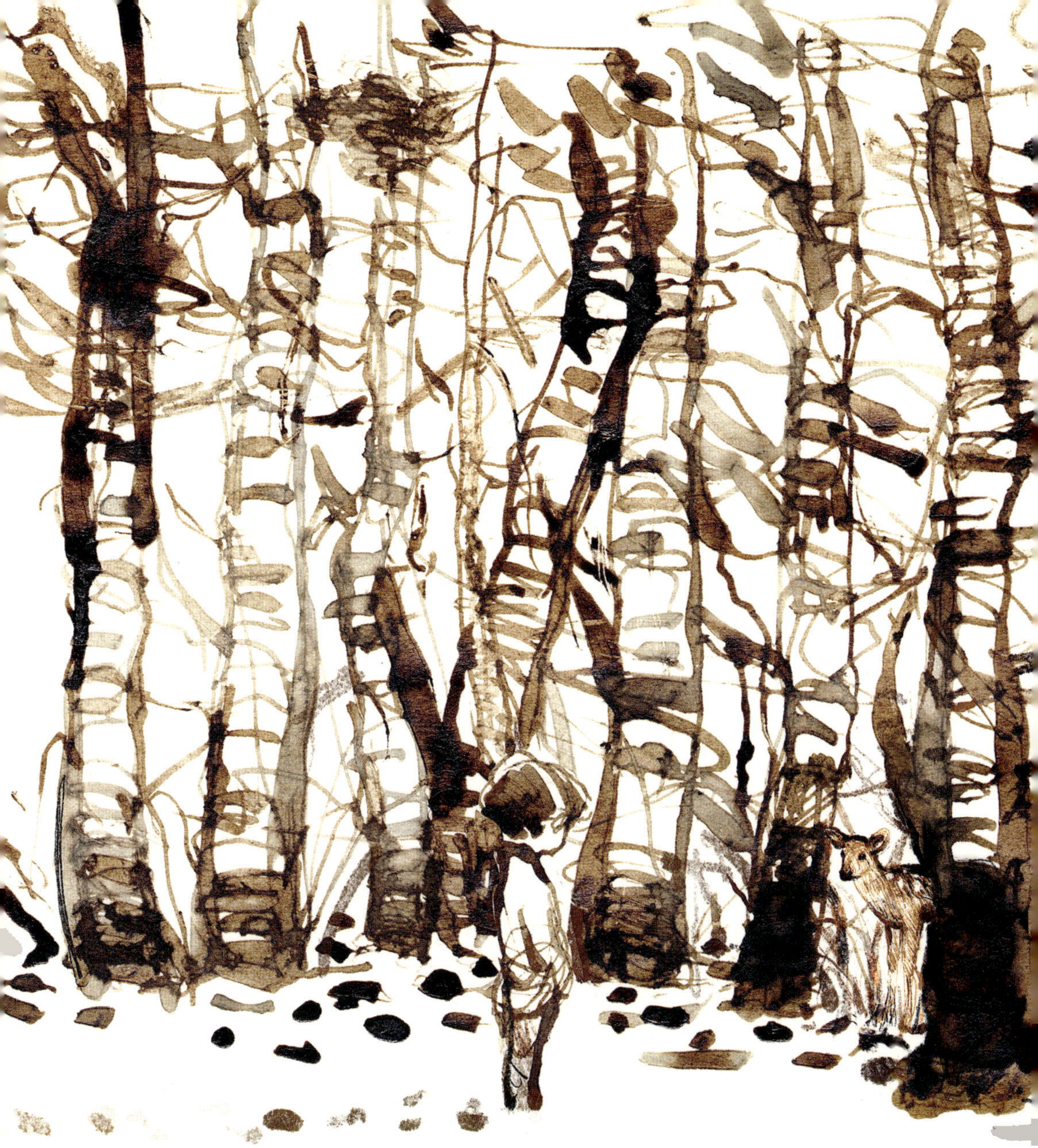

— A gente sempre ouve falar de ódio, enquanto rios de amor e coragem passam despercebidos.

– Sou meio confuso
e incompleto –
disse o menino.

– Somos todos assim –
disse a toupeira.

É assim que me sinto na maior parte do tempo.
x

— Estragou?

— Não — disse a toupeira. — Olhe só a música. Ela geralmente aparece onde as coisas estão quebradas.

— Algumas flores desabrocham mais tarde que outras, e quando isso acontece é extraordinário.

Leve todo o tempo que for preciso.

— Obrigado por nos carregar — disse o menino.
— Nós nos carregamos uns aos outros — disse o cavalo.

– Você me devolveu algo que eu tinha perdido – disse a toupeira.

– O que você tinha perdido?

– O encantamento.

– O que é melhor...
– perguntou o menino –
encontrar um bolo ou comê-lo?

– O melhor é procurá-lo com você
– disse a toupeira.

— Estar neste momento

é tudo que temos.

— Esta vida. Aproveite-a.

— Você fez tanto por mim —
disse o menino.
— O que eu fiz por você?

— Você tem sido um amigo —
disse o cavalo —
e isso é maravilhoso.

Se este livro fosse um bolo, teria sido preparado por muitas mãos bondosas e maravilhosas. Sinto-me tão grato a todas elas. É impossível dizer todos os nomes. Um agradecimento superespecial para Coln, por seu coração e sua mente, por ter montado este livro com toda a paciência. Para Gracie, por sua sabedoria amorosa e tranquila. Para Matthew, por toda a aventura. Para a gentil equipe na Penguin, especialmente Laura, Phoebe, Lucy, Joel e Andrew. Os brilhantes Callan, Harinee, Helen, Rhydian e todos na Freuds. Para os amigos que contribuíram com todo amor para essas páginas. Richard, Emma, Laura, Busky, Gus, Jamie, Phil, Louisa, Sarah, Nut, Kate, Bear, Maria e Martha. Para todo mundo na Black Dog Deli e Stir Coffee. Para aqueles nas mídias sociais, por me acompanharem nesta jornada. Para ♡ minha mãe, Sara, Daisy e Christopher.

Muito obrigado a todos vocês.

X

TÍTULO ORIGINAL: ALWAYS REMEMBER

COPYRIGHT © CHARLIE MACKESY LIMITED 2025
COPYRIGHT DA FONTE DE CAPA E MIOLO © CHARLIE MACKESY LIMITED 2025
O DIREITO MORAL DO AUTOR FOI ASSEGURADO

PUBLICADO ORIGINALMENTE NO REINO UNIDO EM 2025 PELA EBURY PRESS, SELO DA EBURY PUBLISHING. A EBURY PUBLISHING É PARTE DO GRUPO PENGUIN RANDOM HOUSE.

TODOS OS DIREITOS RESERVADOS. NENHUMA PARTE DESTE LIVRO PODE SER UTILIZADA OU REPRODUZIDA SOB QUAISQUER MEIOS EXISTENTES SEM AUTORIZAÇÃO POR ESCRITO DOS EDITORES.

NENHUMA PARTE DESTE LIVRO PODE SER UTILIZADA OU REPRODUZIDA, SOB QUAISQUER MEIOS EXISTENTES, PARA O TREINAMENTO DE TECNOLOGIAS OU SISTEMAS DE INTELIGÊNCIA ARTIFICIAL SEM AUTORIZAÇÃO PRÉVIA DOS EDITORES. ESTA OBRA ESTÁ PROTEGIDA DE INCLUSÃO EM BASE DE DADOS – ART. 4º, Nº E, DA DIRETIVA (EU) 2019/790.

DESIGN E COISAS: COLM ROCHE IMAGIST
TRADUÇÃO: LIVIA DE ALMEIDA
COORDENAÇÃO EDITORIAL E PREPARO DE ORIGINAIS: ALICE DIAS
PRODUÇÃO EDITORIAL: GUILHERME BERNARDO E LIVIA CABRINI
REVISÃO: GUILHERME BERNARDO E RAFAELLA LEMOS
ADAPTAÇÃO DE CAPA: ANA PAULA DAUDT BRANDÃO
DIAGRAMAÇÃO: ADRIANA MORENO
CRIAÇÃO DA TIPOLOGIA DE CAPA E MIOLO: WILLIAM COLLINS
CAPA: CHARLIE MACKESY
TRATAMENTO DE CORES: ALTAIMAGE LTD
IMPRESSÃO E ACABAMENTO: C&C OFFSET PRINTING CO., LTD. (CHINA)

CIP-BRASIL. CATALOGAÇÃO NA PUBLICAÇÃO
SINDICATO NACIONAL DOS EDITORES DE LIVROS, RJ

M143N   MACKESY, CHARLIE, 1962-
NUNCA SE ESQUEÇA / [TEXTO E ILUSTRAÇÃO] CHARLIE MACKESY ; TRADUÇÃO LIVIA DE ALMEIDA. - 1. ED. - RIO DE JANEIRO : SEXTANTE, 2025.
128 P. : IL. ; 22 CM.

TRADUÇÃO DE: ALWAYS REMEMBER
ISBN 978-85-431-1081-3

I. FICÇÃO INGLESA. I. ALMEIDA, LIVIA DE. II. TÍTULO.
                CDD: 823
25-97585.0   CDU: 82-3(410.1)

MERI GLEICE RODRIGUES DE SOUZA - BIBLIOTECÁRIA - CRB-7/6439

TODOS OS DIREITOS RESERVADOS, NO BRASIL, POR GMT EDITORES LTDA.
RUA VOLUNTÁRIOS DA PÁTRIA, 45 – 14º ANDAR – BOTAFOGO
22270-000 – RIO DE JANEIRO – RJ – TEL.: (21) 2538-4100
E-MAIL: atendimento@sextante.com.br – www.sextante.com.br

ESTE LIVRO É IMPRESSO EM PAPEL CERTIFICADO
PELO FOREST STEWARDSHIP COUNCIL®

– Este é o fim?

– É apenas o começo...

– O que você quer fazer
quando crescer?

– Continuar aqui –
disse o urso polar.

A toupeira pensou que este seria um livro de receitas de bolo. Então esta página é para ela.

Ingredientes da toupeira para:

Bolo de amor

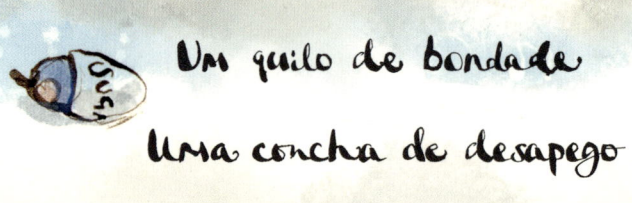

Um quilo de bondade

Uma concha de desapego

Uma pitada de paciência

Um grama de gratidão

Uma porção de esperança

Um punhado de humildade

Uma jarra de alegria

x

Esta receita nunca falha